© Copyright Upbility Publications LTD, 2016

Cette publication est protégée par le droit d'auteur. La mention des droits d'auteur, présente sur chaque page, doit être conservée sur tous les exemplaires (impressions, etc.) de cette page. L'absence de cette mention constitue une violation de la loi relative aux droits d'auteur et expose le contrevenant à des poursuites judiciaires.

Les opinions exprimées dans cet ouvrage sont uniquement celles de l'auteur. Ce dernier garantit être le propriétaire du contenu de ce livre ou disposer des droits nécessaires sur ledit contenu.

Toute publication ou reproduction du matériel, intégrale ou partielle, de quelque manière que ce soit, ainsi que toute traduction, adaptation ou exploitation de quelque manière que ce soit, sont interdites sans l'autorisation écrite expresse de l'éditeur, sauf pour l'utilisation de courtes citations dans une critique de livre. Est également interdite toute reproduction de la composition, de la mise en page, de la couverture et plus généralement, de tout l'aspect graphique du matériel, par quelque moyen que ce soit (photocopie, moyen électronique ou autre). Tout exemplaire des pages de cet ouvrage doit contenir la mention des droits d'auteurs.

Upbility Publications LTD | Digeni Griva 81-83, Nicosie, 1090 Chypre

Adresse électronique : info@upbility.eu

www.upbility.fr

SKU: FR-EB1015

Auteur: Ouvrage collectif – Upbility

Traduction et révision des textes: Emilie Sel

Registre des Droits d'Utilisation

Le Registre des Droits d'Utilisation est une plateforme de protection d'Upbility pour les propriétaires enregistrés de matériel électronique de sa librairie. Après chaque achat sur notre site, la plateforme enregistre automatiquement les données de l'acheteur et sauvegarde ses droits d'utilisation pour tous les appareils dont il dispose (PC, tablette, etc.) et pour l'impression du matériel. Ceci a pour résultat que tout partage du contenu par voie électronique ou par impression est repéré tôt ou tard, exposant toujours l'acheteur enregistré qui a procédé à une action non autorisée, puisque le fichier contient ses données.

Le traitement du langage – Améliorer la compréhension

Le traitement du langage correspond à la manière dont les êtres humains transmettent leurs idées et leurs sentiments par des mots, et dont ils comprennent de tels messages. En d'autres termes, il désigne la façon dont le cerveau construit et comprend le langage. C'est probablement le trait le plus distinctif du genre humain. Pourtant, il est peu connu et constitue l'objet d'un vaste domaine de recherche.

Le langage est traité dans différentes zones du cerveau, mais il existe deux zones spécifiques essentielles à la communication humaine : l'aire de Wernicke et celle de Broca. Ces dernières se trouvent généralement dans l'hémisphère dominant – le gauche, pour 97% de la population – et sont considérées comme les zones les plus importantes pour le traitement du langage. Cependant, l'hémisphère non dominant joue aussi un rôle dans cette fonction cognitive.

Il a été prouvé que les enfants qui présentent un déficit du langage ou des difficultés d'apprentissage ont souvent un trouble de traitement du langage. Celui-ci influe sur le temps dont ils ont besoin pour traiter les informations écrites ou orales et pour décoder le vocabulaire auquel ils sont confrontés. Souvent, ils disposent de toutes les capacités nécessaires à la compréhension, mais ils ont besoin de plus de temps que leurs pairs pour saisir le sens d'un message. Leur capacité de compréhension du langage est généralement moins développée que celle des autres enfants de leur âge.

Les difficultés de traitement du langage affectent les performances de l'enfant en classe, car les informations lui parviennent à un rythme trop élevé pour qu'il puisse les traiter. Dès lors, il est désavantagé par rapport à ses condisciples.

Le traitement du langage se trouve au cœur de l'apprentissage. Il est inextricablement lié aux capacités de compréhension orale indispensables à l'apprentissage de la langue, à l'interprétation des informations que l'on reçoit et à la formulation de réponses appropriées.

Symptômes d'un trouble du traitement du langage chez les enfants

Difficulté à suivre des consignes ou des instructions
C'est un symptôme clé du trouble de traitement du langage. Supposons qu'un enfant ait une certaine vitesse de traitement des informations et que l'instituteur parle à une vitesse supérieure. L'enfant perdra une grande partie de l'information, ce qui l'empêchera de suivre les consignes. Il risque de se sentir complètement dépassé et désorienté.

Difficulté du petit enfant à comprendre la rime
La compréhension de la rime est une capacité de base de la conscience du langage. Si un enfant éprouve des difficultés à reconnaître et à produire des rimes, et ce, même en avançant dans les années scolaires, cela peut indiquer que son expression orale et ses capacités de traitement du langage ne se développent pas comme il le faudrait.

Difficultés liées au vocabulaire, à la prononciation et à la structure de la langue
Les enfants ont tendance à utiliser uniquement les mots qu'ils comprennent avec certitude. Par conséquent, les enfants qui ont de faibles capacités de traitement du langage risquent d'utiliser un vocabulaire trop restreint par rapport à celui de leurs condisciples, ou encore d'éprouver des difficultés de prononciation. Des problèmes en grammaire, en syntaxe ou dans la structure de la langue sont souvent un symptôme d'un trouble de traitement du langage.

Déficit de l'attention
Un enfant qui éprouve des difficultés à comprendre toutes les informations en classe risque d'être plus vite fatigué et d'avoir une motivation limitée, car il doit sans cesse fournir des efforts pour traiter ces informations et en comprendre le sens, alors même qu'il lui manque une partie des données. Ce problème peut le mener à un déficit de l'attention, qui renforcera ses difficultés.

Activités pour améliorer la compréhension

Ce livre s'adresse aux orthophonistes, aux éducateurs et aux enseignants spécialisés, ainsi qu'aux enseignants qui ont des élèves avec des difficultés d'apprentissage ou de traitement du langage. L'objectif de ce livre est de renforcer les capacités de compréhension de l'enfant via des activités de difficulté croissante, qui l'entraîneront à suivre des consignes.

Les activités sont divisées en quatre niveaux de difficulté (cf. le schéma ci-dessous) ; les pages d'exercices présentent des énoncés de plus en plus complexes pour stimuler les capacités de l'enfant. Chaque exercice est constitué de deux pages : la première présente les énoncés, la seconde des images. L'adulte lit un à un les énoncés et l'enfant doit montrer les images correspondantes. Plusieurs notions sont abordées (cf. le tableau de la page suivante), comme les noms, les adjectifs, les prépositions, les marqueurs de temps, les tailles, les couleurs, les formes, les chiffres, etc. Ces notions sont combinées de manière à former des énoncés plus ou moins complexes.

Schéma récapitulatif

Noms : vache, barque, chaussette, cadeau, chapeau, bateau, ballon, lampe de poche, pizza, bicyclette, balai, corde, taxi, table, sac, feu, règle, lièvre, hippopotame, arrosoir, cheval, carotte, dauphin, panier, tournevis, roue, pomme, ballon, débardeur, crayon, chaussure, boîte, chat, oiseau, triangle, carré, rond, rectangle, losange, hexagone, ligne, trait, colonne, milieu, lettre, chiffre

Adjectifs : grand, petit, long, court, épais, fin, rouge, vert, bleu, jaune, violet, orange, premier, deuxième, troisième, quatrième, cinquième, dernier, horizontal, vertical, oblique

Expressions de quantité : (le) plus, (le) moins, tout, aucun

Conjonctions de coordination : et, ou, mais

Marqueurs divers de temps et de lieu : en même temps, après, d'abord, avant, ensuite, puis ; sur, sous, dans, au-dessus, en dessous, à côté, entre

Expressions de l'hypothèse et de la restriction : si, sauf si, sauf, mais pas, au lieu de

Tableau des notions abordées

Fiche d'évaluation des progrès

Vous pourrez suivre et évaluer les progrès de l'enfant de manière systématique via cette fiche. Cochez le niveau 1 quand votre élève est capable d'achever les exercices avec beaucoup d'aide (si vous lisez avec un rythme lent et des pauses). Cochez le niveau 2 quand l'enfant réussit les exercices avec peu d'aide, et le niveau 3 quand il n'a plus besoin d'aide (si vous lisez avec un débit normal, sans pauses ni répétitions).

_____   _____
Prénom et nom de l'enfant   Âge

_____   _____
Date de début du programme   Niveau actuel de compréhension
d'intervention

	1	2	3
Nom	○	○	○
Nom + nom	○	○	○
Nom + nom + nom	○	○	○
Nom + {singulier/pluriel + nom}	○	○	○
Taille + nom	○	○	○

	1	2	3
{Taille + nom} + {taille + nom}	◯	◯	◯
Singulier/pluriel + taille + nom	◯	◯	◯
{Singulier/pluriel + taille + nom} + {singulier/pluriel + taille + nom}	◯	◯	◯
Nom + couleur	◯	◯	◯
{Nom + couleur} + {nom + couleur}	◯	◯	◯
{Singulier/pluriel + nom + couleur} + {singulier/pluriel + nom + couleur}	◯	◯	◯
Taille + nom + couleur	◯	◯	◯
Singulier/pluriel + taille + nom + couleur	◯	◯	◯
{Singulier/pluriel + taille + nom + couleur} + {singulier/pluriel + taille + nom + couleur}	◯	◯	◯
Nom + {préposition + nom}	◯	◯	◯

	1	2	3
{Singulier/pluriel + nom} + {préposition + nom}	○	○	○
Singulier/pluriel +nom + {préposition+ nom}	○	○	○
Taille +nom + {préposition+ nom}	○	○	○
Singulier/pluriel +nom + {préposition+ nom}	○	○	○
{Singulier/pluriel + taille + nom} + {préposition + nom}	○	○	○
{Nom + couleur} + {préposition + nom}	○	○	○
{Singulier/pluriel + nom + couleur} + {préposition + nom}	○	○	○
{Singulier/pluriel + taille + nom + couleur} + {préposition + nom}	○	○	○
Quantité + taille + nom	○	○	○
Nom + {quantité + taille + nom}	○	○	○

	1	2	3
{Nom + couleur} + {quantité + nom + couleur}	○	○	○
{Nom + couleur} + {quantité + taille + nom + couleur}	○	○	○
{Quantité + nom} + {préposition + pronom + {quantité + taille + nom}}	○	○	○
{Quantité + nom} + {préposition + pronom + {quantité + taille + nom + couleur}}	○	○	○
Taille + nom	○	○	○
Nom + couleur	○	○	○
Taille + nom + couleur	○	○	○
Taille + nom (+ direction/chiffre/lettre) + couleur	○	○	○
{Taille + nom (+ direction/chiffre/lettre) + couleur} + {taille + nom (+ direction/chiffre/lettre) + couleur}	○	○	○
{Singulier/pluriel + taille + nom (+ direction/chiffre/lettre) + couleur} + {singulier/pluriel + taille + nom (+ direction/chiffre/lettre) + couleur}	○	○	○

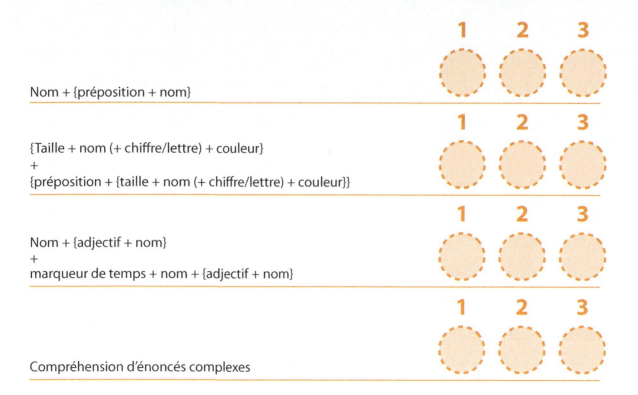

	1	2	3
Nom + {préposition + nom}	○	○	○
{Taille + nom (+ chiffre/lettre) + couleur} + {préposition + {taille + nom (+ chiffre/lettre) + couleur}}	○	○	○
Nom + {adjectif + nom} + marqueur de temps + nom + {adjectif + nom}	○	○	○
Compréhension d'énoncés complexes	○	○	○

_____
Date de fin du programme

_____
Signature du spécialiste ou de l'enseignant

Pages d'exercices
Niveau 01

Consignes : lisez à voix haute les propositions ci-dessous et demandez à l'enfant de suivre les consignes avec précision. Commencez par lire lentement et en marquant des pauses.

1. Montre-moi la barque.
2. Montre-moi la vache.
3. Montre-moi la chaussette.
4. Montre-moi le cadeau.

Nom

Pages d'exercices — Niveau 01

Consignes : lisez à voix haute les propositions ci-dessous et demandez à l'enfant de suivre les consignes avec précision. Commencez par lire lentement et en marquant des pauses.

1. Montre-moi le bateau.
2. Montre-moi le ballon.
3. Montre-moi la lampe de poche.
4. Montre-moi le chapeau.

Pages d'exercices
Niveau 01

Consignes : lisez à voix haute les propositions ci-dessous et demandez à l'enfant de suivre les consignes avec précision. Commencez par lire lentement et en marquant des pauses.

1. Montre-moi la pizza.
2. Montre-moi le balai.
3. Montre-moi la corde.
4. Montre-moi la bicyclette.

Nom

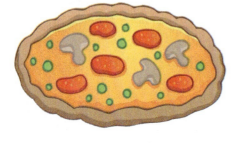

Pages d'exercices Niveau 01

Consignes : lisez à voix haute les propositions ci-dessous et demandez à l'enfant de suivre les consignes avec précision. Commencez par lire lentement et en marquant des pauses.

1. Montre-moi le feu.
2. Montre-moi le taxi.
3. Montre-moi la table.
4. Montre-moi le sac.

Pages d'exercices
Niveau 01

Consignes : lisez à voix haute les propositions ci-dessous et demandez à l'enfant de suivre les consignes avec précision. Commencez par lire lentement et en marquant des pauses.

1. Montre-moi le lièvre.
2. Montre-moi l'hippopotame.
3. Montre-moi la règle.
4. Montre-moi l'arrosoir.

Nom

Pages d'exercices — Niveau **01**

Consignes : lisez à voix haute les propositions ci-dessous et demandez à l'enfant de suivre les consignes avec précision. Commencez par lire lentement et en marquant des pauses.

1. Montre-moi le bateau et le sac.
2. Montre-moi la bicyclette et le sac.
3. Montre-moi le chapeau et le bateau.
4. Montre-moi le bateau et la bicyclette.

Nom + Nom

Pages d'exercices
Niveau 01

Consignes : lisez à voix haute les propositions ci-dessous et demandez à l'enfant de suivre les consignes avec précision. Commencez par lire lentement et en marquant des pauses.

1. Montre-moi le ballon et le lièvre.
2. Montre-moi le lièvre et l'arrosoir.
3. Montre-moi la pizza et le ballon.
4. Montre-moi l'arrosoir et la pizza.

Nom + Nom

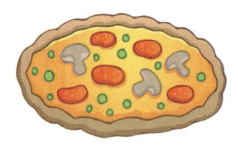

Consignes : lisez à voix haute les propositions ci-dessous et demandez à l'enfant de suivre les consignes avec précision. Commencez par lire lentement et en marquant des pauses.

1. Montre-moi la barque et la lampe de poche.
2. Montre-moi le feu et la barque.
3. Montre-moi l'hippopotame et le feu.
4. Montre-moi la lampe de poche et l'hippopotame.

Nom + Nom

Pages d'exercices Niveau 01

Consignes : lisez à voix haute les propositions ci-dessous et demandez à l'enfant de suivre les consignes avec précision. Commencez par lire lentement et en marquant des pauses.

1. Montre-moi le balai, la corde et le sac.
2. Montre-moi le balai, le cadeau et la chaussette.
3. Montre-moi le balai, la règle et la corde.
4. Montre-moi le balai, la chaussette et le sac.
5. Montre-moi le balai, le cadeau et la corde.
6. Montre-moi le balai, le sac et la règle.
7. Montre-moi le balai, la corde et la chaussette.
8. Montre-moi le balai, le sac et le cadeau.
9. Montre-moi le balai, le cadeau et la règle.
10. Montre-moi le balai, la règle et la chaussette.

Nom + Nom + Nom

Consignes : lisez à voix haute les propositions ci-dessous et demandez à l'enfant de suivre les consignes avec précision. Commencez par lire lentement et en marquant des pauses.

1. Montre-moi l'arrosoir, le chapeau et le lièvre.
2. Montre-moi l'arrosoir, la barque et le taxi.
3. Montre-moi l'arrosoir, le taxi et le chapeau.
4. Montre-moi l'arrosoir, le chapeau et la bicyclette.
5. Montre-moi l'arrosoir, la bicyclette et le taxi.
6. Montre-moi l'arrosoir, le taxi et le lièvre.
7. Montre-moi l'arrosoir, le lièvre et la bicyclette.
8. Montre-moi l'arrosoir, la barque et le lièvre.
9. Montre-moi l'arrosoir, la bicyclette et la barque.
10. Montre-moi l'arrosoir, la barque et le chapeau.

Nom + Nom + Nom

Pages d'exercices Niveau 01

Consignes : lisez à voix haute les propositions ci-dessous et demandez à l'enfant de suivre les consignes avec précision. Commencez par lire lentement et en marquant des pauses.

1. Montre-moi la table, la vache et le bateau.
2. Montre-moi la table, la lampe de poche et le bateau.
3. Montre-moi la table, le ballon et le bateau.
4. Montre-moi la table, la lampe de poche et la vache.
5. Montre-moi la table, le ballon et l'hippopotame.
6. Montre-moi la table, l'hippopotame et la vache.
7. Montre-moi la table, l'hippopotame et la lampe de poche.
8. Montre-moi la table, le ballon et la lampe de poche.
9. Montre-moi la table, le bateau et l'hippopotame.
10. Montre-moi la table, la vache et le ballon.

Nom + Nom + Nom

Pages d'exercices — Niveau 01

Consignes : lisez à voix haute les propositions ci-dessous et demandez à l'enfant de suivre les consignes avec précision. Commencez par lire lentement et en marquant des pauses.

1. Montre-moi la règle, le balai et la barque.
2. Montre-moi la règle, la barque et le chapeau.
3. Montre-moi la règle, la pizza et le chapeau.
4. Montre-moi la règle, le feu et la barque.
5. Montre-moi la règle, le balai et le feu.
6. Montre-moi la règle, le feu et le chapeau.
7. Montre-moi la règle, le balai et le chapeau.
8. Montre-moi la règle, la pizza et le feu.
9. Montre-moi la règle, le balai et la pizza.
10. Montre-moi la règle, la pizza et la barque.

Nom + Nom + Nom

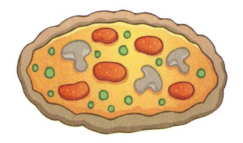
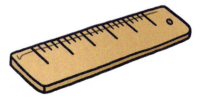

Pages d'exercices — Niveau 01

Consignes : lisez à voix haute les propositions ci-dessous et demandez à l'enfant de suivre les consignes avec précision. Commencez par lire lentement et en marquant des pauses.

1. Montre-moi le taxi, le cadeau et la bicyclette.
2. Montre-moi le taxi, le bateau et la bicyclette.
3. Montre-moi le taxi, le cadeau et le bateau.
4. Montre-moi le taxi, le bateau et le sac.
5. Montre-moi le taxi, la corde et le sac.
6. Montre-moi le taxi, le cadeau et la corde.
7. Montre-moi le taxi, la corde et la bicyclette.
8. Montre-moi le taxi, le bateau et la corde.
9. Montre-moi le taxi, le cadeau et le sac.
10. Montre-moi le taxi, la bicyclette et le sac.

Nom + Nom + Nom

Pages d'exercices
Niveau 01

Consignes : lisez à voix haute les propositions ci-dessous et demandez à l'enfant de suivre les consignes avec précision. Commencez par lire lentement et en marquant des pauses.

1. Montre-moi le cheval, le cadeau et le dauphin.
2. Montre-moi la chaussette, la carotte et le cadeau.
3. Montre-moi le dauphin, le panier et le cheval.
4. Montre-moi la chaussette, le dauphin et le cadeau.
5. Montre-moi la carotte, le cheval et le cadeau.
6. Montre-moi le panier, le cheval et la chaussette.
7. Montre-moi le cadeau, le panier et la chaussette.
8. Montre-moi le cheval, la carotte et le dauphin.
9. Montre-moi la chaussette, le panier et le cheval.
10. Montre-moi le dauphin, le cadeau et la chaussette.
11. Montre-moi la chaussette, la carotte et le cheval.
12. Montre-moi la carotte, le dauphin et le cadeau.
13. Montre-moi le panier, le cadeau et le dauphin.
14. Montre-moi le cadeau, le cheval et la carotte.
15. Montre-moi le cheval, le panier et la chaussette.
16. Montre-moi la chaussette, le cheval et la carotte.

Nom + Nom + Nom

Pages d'exercices — Niveau 01

Consignes : lisez à voix haute les propositions ci-dessous et demandez à l'enfant de suivre les consignes avec précision. Commencez par lire lentement et en marquant des pauses.

1. Montre-moi la lampe de poche, la roue et le sac.
2. Montre-moi le ballon, l'arrosoir et la roue.
3. Montre-moi le tournevis, la lampe de poche et le ballon.
4. Montre-moi la roue, le ballon et le tournevis.
5. Montre-moi le sac, l'arrosoir et la lampe de poche.
6. Montre-moi l'arrosoir, le sac et la roue.
7. Montre-moi la lampe de poche, le ballon et le tournevis.
8. Montre-moi le ballon, le sac et la lampe de poche.
9. Montre-moi le tournevis, la roue et l'arrosoir.
10. Montre-moi la roue, la lampe de poche et le sac.
11. Montre-moi le sac, le tournevis et le ballon.
12. Montre-moi l'arrosoir, le ballon et la lampe de poche.
13. Montre-moi la lampe de poche, le sac et le ballon.
14. Montre-moi le ballon, la roue et l'arrosoir.
15. Montre-moi le tournevis, l'arrosoir et la lampe de poche.
16. Montre-moi la roue, le tournevis et le sac.

Nom + Nom + Nom

Pages d'exercices Niveau 01

Consignes : lisez à voix haute les propositions ci-dessous et demandez à l'enfant de suivre les consignes avec précision. Commencez par lire lentement et en marquant des pauses.

1. Montre-moi la corde et les balais.
2. Montre-moi la règle et la corde.
3. Montre-moi le panier et le dauphin.
4. Montre-moi la corde et les dauphins.
5. Montre-moi la règle et la corde.
6. Montre-moi le panier et les balais.
7. Montre-moi le dauphin et le panier.
8. Montre-moi le panier et les dauphins.
9. Montre-moi la règle et le dauphin.
10. Montre-moi le dauphin et les balais.

Nom + {singulier/pluriel + nom}

Pages d'exercices — Niveau 01

Consignes : lisez à voix haute les propositions ci-dessous et demandez à l'enfant de suivre les consignes avec précision. Commencez par lire lentement et en marquant des pauses.

1. Montre-moi le taxi et la bicyclette.
2. Montre-moi la lampe de poche et les vaches.
3. Montre-moi la pizza et les bicyclettes.
4. Montre-moi le chapeau et la vache.
5. Montre-moi le taxi et les chapeaux.
6. Montre-moi le lièvre et les bicyclettes.
7. Montre-moi la vache et le chapeau.
8. Montre-moi la lampe de poche et les chapeaux.
9. Montre-moi le taxi et la vache.
10. Montre-moi la lampe de poche et les bicyclettes.

Nom + {singulier/pluriel + nom}

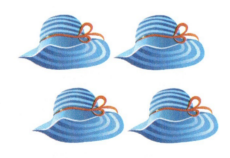 

Pages d'exercices Niveau 01

Consignes : lisez à voix haute les propositions ci-dessous et demandez à l'enfant de suivre les consignes avec précision. Commencez par lire lentement et en marquant des pauses.

1. Montre-moi le ballon et les chaussettes.
2. Montre-moi le balai et les barques.
3. Montre-moi le chapeau et la chaussette.
4. Montre-moi la chaussette et la règle.
5. Montre-moi le feu et les barques.
6. Montre-moi le feu et les balais.
7. Montre-moi la règle et la barque.
8. Montre-moi le chapeau et le ballon.
9. Montre-moi la règle et les balais.
10. Montre-moi le balai et la chaussette.

Nom + {singulier/pluriel + nom}

Pages d'exercices
Niveau 01

Consignes : lisez à voix haute les propositions ci-dessous et demandez à l'enfant de suivre les consignes avec précision. Commencez par lire lentement et en marquant des pauses.

1. Montre-moi l'arrosoir et le lièvre.
2. Montre-moi la carotte et la vache.
3. Montre-moi l'arrosoir et les bicyclettes.
4. Montre-moi le bateau et les lièvres.
5. Montre-moi la carotte et les bateaux.
6. Montre-moi la bicyclette et la corde.
7. Montre-moi la vache et les bateaux.
8. Montre-moi le bateau et les bicyclettes.
9. Montre-moi la corde et les lièvres.
10. Montre-moi l'arrosoir et le bateau.

Nom + {singulier/pluriel + nom}

Pages d'exercices Niveau 01

Consignes : lisez à voix haute les propositions ci-dessous et demandez à l'enfant de suivre les consignes avec précision. Commencez par lire lentement et en marquant des pauses.

1. Montre-moi le petit panier.
2. Montre-moi le grand dauphin.
3. Montre-moi le grand tournevis.
4. Montre-moi le petit cadeau.
5. Montre-moi le grand cadeau.
6. Montre-moi la grande roue.
7. Montre-moi le petit tournevis.
8. Montre-moi le grand panier.
9. Montre-moi la petite roue.
10. Montre-moi le petit dauphin.

Taille + Nom

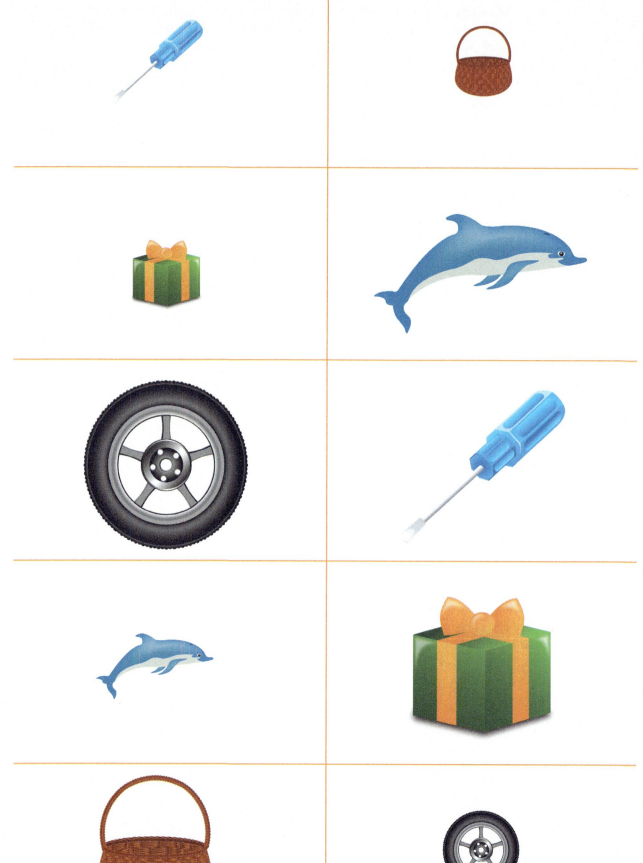

Pages d'exercices
Niveau 01

Consignes : lisez à voix haute les propositions ci-dessous et demandez à l'enfant de suivre les consignes avec précision. Commencez par lire lentement et en marquant des pauses.

1. Montre-moi la petite règle et la petite lampe de poche.
2. Montre-moi le grand ballon et la petite vache.
3. Montre-moi le petit balai et la grande lampe de poche.
4. Montre-moi la grande règle et le petit ballon.
5. Montre-moi la grande vache et le grand balai.
6. Montre-moi le petit ballon et le grand balai.
7. Montre-moi la grande lampe de poche et la petite règle.
8. Montre-moi la petite vache et la petite lampe de poche.
9. Montre-moi le grand balai et le petit ballon.
10. Montre-moi la petite lampe de poche et le grand ballon.

{Taille + Nom} + {Taille + Nom}

Pages d'exercices Niveau 01

Consignes : lisez à voix haute les propositions ci-dessous et demandez à l'enfant de suivre les consignes avec précision. Commencez par lire lentement et en marquant des pauses.

1. Montre-moi la grande barque.
2. Montre-moi les petits chapeaux.
3. Montre-moi la petite roue.
4. Montre-moi le grand taxi.
5. Montre-moi les grands hippopotames.
6. Montre-moi la petite barque.
7. Montre-moi les grands chapeaux.
8. Montre-moi la petite barque.
9. Montre-moi les petits hippopotames.
10. Montre-moi la grande roue.

Singulier/pluriel + taille + nom

Pages d'exercices — Niveau 01

Consignes : lisez à voix haute les propositions ci-dessous et demandez à l'enfant de suivre les consignes avec précision. Commencez par lire lentement et en marquant des pauses.

1. Montre-moi les grandes chaussettes et le grand sac.
2. Montre-moi le grand tournevis et les petites bicyclettes.
3. Montre-moi les grandes bicyclettes et la petite pizza.
4. Montre-moi le grand sac et les petites chaussettes.
5. Montre-moi le petit sac et le grand tournevis.
6. Montre-moi la grande pizza et les petits tournevis.
7. Montre-moi les grandes bicyclettes et la grande pizza.
8. Montre-moi les petites chaussettes et les grandes bicyclettes.
9. Montre-moi les petits tournevis et les grandes chaussettes.
10. Montre-moi la grande pizza et le grand sac.

{Singulier/pluriel + taille + nom}
+
{singulier/pluriel + taille + nom}

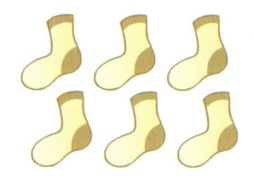

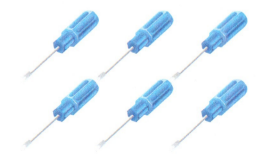

Pages d'exercices — Niveau 01

Consignes : lisez à voix haute les propositions ci-dessous et demandez à l'enfant de suivre les consignes avec précision. Commencez par lire lentement et en marquant des pauses.

1. Montre-moi la chaussure rouge.
2. Montre-moi le crayon jaune.
3. Montre-moi le débardeur vert.
4. Montre-moi la chaussure jaune.
5. Montre-moi le ballon bleu.
6. Montre-moi le crayon rouge.
7. Montre-moi la pomme jaune.
8. Montre-moi le ballon vert.
9. Montre-moi le débardeur rouge.
10. Montre-moi la pomme rouge.

Nom + couleur

Pages d'exercices
Niveau 01

Consignes : lisez à voix haute les propositions ci-dessous et demandez à l'enfant de suivre les consignes avec précision. Commencez par lire lentement et en marquant des pauses.

1. Montre-moi la chaussure rouge et le débardeur vert.
2. Montre-moi le ballon vert et le crayon rouge.
3. Montre-moi le crayon rouge et la chaussure rouge.
4. Montre-moi la pomme rouge et la chaussure rouge.
5. Montre-moi le ballon vert et la pomme jaune.
6. Montre-moi la chaussure rouge et le crayon jaune.
7. Montre-moi le débardeur vert et le ballon bleu.
8. Montre-moi le crayon jaune et le débardeur vert.
9. Montre-moi le crayon jaune et la chaussure rouge.
10. Montre-moi le crayon jaune et la pomme rouge.

{Nom + couleur} + {nom + couleur}

62

Pages d'exercices — Niveau 01

Consignes : lisez à voix haute les propositions ci-dessous et demandez à l'enfant de suivre les consignes avec précision. Commencez par lire lentement et en marquant des pauses.

1. Montre-moi la chaussure jaune et les débardeurs bleus.
2. Montre-moi le débardeur vert et la chaussure rose.
3. Montre-moi la pomme rouge et les pommes vertes.
4. Montre-moi le crayon bleu et les chaussures jaunes.
5. Montre-moi les pommes vertes et les chaussures rouges.
6. Montre-moi le crayon jaune et le débardeur vert.
7. Montre-moi la chaussure rose et les chaussures rouges.
8. Montre-moi la chaussure jaune et le crayon bleu.
9. Montre-moi le débardeur vert et la pomme rouge.
10. Montre-moi la pomme rouge et les chaussures jaunes.

{Singulier/pluriel + nom + couleur}
+
{singulier/pluriel + nom + couleur}

Pages d'exercices
Niveau 01

Consignes : lisez à voix haute les propositions ci-dessous et demandez à l'enfant de suivre les consignes avec précision. Commencez par lire lentement et en marquant des pauses.

1. Montre-moi la pomme jaune et le débardeur jaune.
2. Montre-moi le ballon vert et les crayons rouges.
3. Montre-moi les chaussures violettes et le ballon rouge.
4. Montre-moi les ballons verts et la chaussure violette.
5. Montre-moi le débardeur rouge et les ballons verts.
6. Montre-moi les chaussures violettes et le crayon rouge.
7. Montre-moi la pomme jaune et le ballon rouge.
8. Montre-moi le débardeur jaune et les ballons verts.
9. Montre-moi les chaussures violettes et la pomme jaune.
10. Montre-moi les crayons rouges et les chaussures violettes.

{Singulier/pluriel + nom + couleur}
+
{singulier/pluriel + nom + couleur}

Pages d'exercices Niveau 01

Consignes : lisez à voix haute les propositions ci-dessous et demandez à l'enfant de suivre les consignes avec précision. Commencez par lire lentement et en marquant des pauses.

1. Montre-moi la grande pomme rouge.
2. Montre-moi le grand débardeur bleu.
3. Montre-moi la petite chaussure jaune.
4. Montre-moi la petite pomme rouge.
5. Montre-moi le petit débardeur vert.
6. Montre-moi la grande chaussure jaune.
7. Montre-moi la petite chaussure rouge.
8. Montre-moi le grand débardeur vert.
9. Montre-moi la grande chaussure rouge.
10. Montre-moi le petit débardeur bleu.

Taille + nom + couleur

Pages d'exercices
Niveau **01**

Consignes : lisez à voix haute les propositions ci-dessous et demandez à l'enfant de suivre les consignes avec précision. Commencez par lire lentement et en marquant des pauses.

1. Montre-moi la grande pomme jaune.
2. Montre-moi les petits ballons verts.
3. Montre-moi le grand ballon rouge.
4. Montre-moi la petite pomme rouge.
5. Montre-moi les grandes pommes jaunes.
6. Montre-moi le grand ballon vert.
7. Montre-moi la petite chaussure jaune.
8. Montre-moi la grande chaussure violette.
9. Montre-moi les petites chaussures jaunes.
10. Montre-moi la grande chaussure jaune.

Singulier/pluriel + taille + nom + couleur

Pages d'exercices — Niveau 01

Consignes : lisez à voix haute les propositions ci-dessous et demandez à l'enfant de suivre les consignes avec précision. Commencez par lire lentement et en marquant des pauses.

1. Montre-moi la grande pomme rouge et les grands crayons rouges.
2. Montre-moi le grand crayon jaune et les petites pommes vertes.
3. Montre-moi le petit débardeur vert et le petit crayon jaune.
4. Montre-moi la grande pomme rouge et le petit débardeur vert.
5. Montre-moi les petites pommes rouges et le grand crayon jaune.
6. Montre-moi les grands crayons rouges et les petites pommes vertes.
7. Montre-moi le petit crayon jaune et la grande pomme rouge.
8. Montre-moi le grand débardeur vert et le grand crayon jaune.
9. Montre-moi les petites pommes vertes et le grand débardeur rouge.
10. Montre-moi les petits débardeurs verts et les petites pommes rouges.

{Singulier/pluriel + taille + nom + couleur}
+
{singulier/pluriel + taille + nom + couleur}

Pages d'exercices
Niveau 01

Consignes : lisez à voix haute les propositions ci-dessous et demandez à l'enfant de suivre les consignes avec précision. Commencez par lire lentement et en marquant des pauses.

1. Montre-moi le chat sur la boîte.
2. Montre-moi le canard dans la boîte.
3. Montre-moi le chat dans la boîte.
4. Montre-moi le chat sous la boîte.
5. Montre-moi le canard sous la boîte.
6. Montre-moi le canard sur la boîte.

Nom + {Préposition+ Nom}

Pages d'exercices — Niveau 01

Consignes : lisez à voix haute les propositions ci-dessous et demandez à l'enfant de suivre les consignes avec précision. Commencez par lire lentement et en marquant des pauses.

1. Montre-moi les chats dans la boîte.
2. Montre-moi le canard sous la boîte.
3. Montre-moi les chats sur la boîte.
4. Montre-moi les canards dans la boîte.
5. Montre-moi le chat sous la boîte.
6. Montre-moi les canards sur la boîte.

{Singulier/pluriel + nom} + {préposition + nom}

Pages d'exercices — Niveau 01

Consignes : lisez à voix haute les propositions ci-dessous et demandez à l'enfant de suivre les consignes avec précision. Commencez par lire lentement et en marquant des pauses.

1. Montre-moi le grand chat sur la boîte.
2. Montre-moi le petit canard dans la boîte.
3. Montre-moi le grand chat sous la boîte.
4. Montre-moi le petit chat dans la boîte.
5. Montre-moi le grand canard sur la boîte.
6. Montre-moi le grand canard sous la boîte.
7. Montre-moi le petit chat sous la boîte.
8. Montre-moi le grand chat dans la boîte.
9. Montre-moi le petit chat sur la boîte.
10. Montre-moi le petit canard sur la boîte.

{Taille + nom} + {préposition + nom}

Pages d'exercices Niveau 01

Consignes : lisez à voix haute les propositions ci-dessous et demandez à l'enfant de suivre les consignes avec précision. Commencez par lire lentement et en marquant des pauses.

1. Montre-moi les canards sur la boîte.
2. Montre-moi les chats dans la boîte.
3. Montre-moi le canard sur la boîte.
4. Montre-moi le canard dans la boîte.
5. Montre-moi le chat sur la boîte.
6. Montre-moi le canard sous la boîte.
7. Montre-moi les canards dans la boîte.
8. Montre-moi les chats sous la boîte.
9. Montre-moi les chats sur la boîte.
10. Montre-moi le chat sous la boîte.

{Singulier/pluriel + nom} + {préposition + nom}

Pages d'exercices — Niveau 02

Consignes : lisez à voix haute les propositions ci-dessous et demandez à l'enfant de suivre les consignes avec précision. Commencez par lire lentement et en marquant des pauses.

1. Montre-moi le grand canard sous la boîte.
2. Montre-moi le grand chat sur la boîte.
3. Montre-moi les grands canards sous la boîte.
4. Montre-moi les grands chats dans la boîte.
5. Montre-moi le petit canard sur la boîte.
6. Montre-moi le petit chat dans la boîte.
7. Montre-moi les petits chats sous la boîte.
8. Montre-moi les petits canards sur la boîte.
9. Montre-moi les petits chats dans la boîte.
10. Montre-moi le grand canard sur la boîte.

{Singulier/pluriel + taille + nom}
+
{préposition + nom}

Pages d'exercices — Niveau 02

Consignes : lisez à voix haute les propositions ci-dessous et demandez à l'enfant de suivre les consignes avec précision. Commencez par lire lentement et en marquant des pauses.

1. Montre-moi la chaussure jaune dans la boîte.
2. Montre-moi la chaussure rouge sous la boîte.
3. Montre-moi la pomme verte dans la boîte.
4. Montre-moi la pomme rouge sur la boîte.
5. Montre-moi le crayon bleu sur la boîte.
6. Montre-moi la pomme verte sous la boîte.
7. Montre-moi la pomme rouge dans la boîte.
8. Montre-moi le crayon rouge sur la boîte.
9. Montre-moi la pomme verte sur la boîte.
10. Montre-moi le crayon rouge sous la boîte.

{Nom + couleur} + {préposition + nom}

84

Pages d'exercices Niveau 02

Consignes : lisez à voix haute les propositions ci-dessous et demandez à l'enfant de suivre les consignes avec précision. Commencez par lire lentement et en marquant des pauses.

1. Montre-moi les crayons verts sous la boîte.
2. Montre-moi la pomme jaune sur la boîte.
3. Montre-moi la chaussure rose dans la boîte.
4. Montre-moi les crayons bleus dans la boîte.
5. Montre-moi les pommes rouges sous la boîte.
6. Montre-moi les chaussures rouges sur la boîte.
7. Montre-moi le crayon bleu dans la boîte.
8. Montre-moi les chaussures roses sous la boîte.
9. Montre-moi les pommes jaunes dans la boîte.
10. Montre-moi la pomme rouge sur la boîte.

{Singulier/pluriel + nom + couleur}
+
{préposition + nom}

Pages d'exercices — Niveau 02

Consignes : lisez à voix haute les propositions ci-dessous et demandez à l'enfant de suivre les consignes avec précision. Commencez par lire lentement et en marquant des pauses.

1. Montre-moi la grande chaussure jaune sur la boîte.
2. Montre-moi la petite pomme rouge sur la boîte.
3. Montre-moi les grandes pommes vertes sous la boîte.
4. Montre-moi la grande chaussure rose dans la boîte.
5. Montre-moi la petite chaussure jaune dans la boîte.
6. Montre-moi les petites pommes rouges sous la boîte.
7. Montre-moi les petites pommes vertes sous la boîte.
8. Montre-moi la grande pomme rouge dans la boîte.
9. Montre-moi les grandes pommes vertes dans la boîte.
10. Montre-moi les petites chaussures roses sur la boîte.

{Singulier/pluriel + taille + nom + couleur}
+
{préposition + nom}

Pages d'exercices
Niveau 02

Consignes : lisez à voix haute les propositions ci-dessous et demandez à l'enfant de suivre les consignes avec précision. Commencez par lire lentement et en marquant des pauses.

1. Montre-moi la grande bicyclette.
2. Montre-moi l'image avec le plus de petites bicyclettes.
3. Montre-moi toutes les grandes carottes.
4. Montre-moi toutes les grandes bicyclettes.
5. Montre-moi l'image avec le plus de grandes vaches.
6. Montre-moi l'image avec le moins de petites bicyclettes.
7. Montre-moi l'image avec le moins de petites carottes.
8. Montre-moi l'image avec le moins de grandes vaches.
9. Montre-moi toutes les vaches.
10. Montre-moi l'image avec le plus de petites carottes.

Quantité + Taille + Nom

Consignes : lisez à voix haute les propositions ci-dessous et demandez à l'enfant de suivre les consignes avec précision. Commencez par lire lentement et en marquant des pauses.

1. Montre-moi la lampe de poche et l'image avec le plus de petits chevaux.
2. Montre-moi la règle et le plus petit groupe de grands chevaux.
3. Montre-moi le cadeau et tous les petits chevaux.
4. Montre-moi la ballon et le grand cheval.
5. Montre-moi le tournevis et l'image avec le moins de petits chevaux.
6. Montre-moi la règle et l'image avec le plus de grands chevaux.
7. Montre-moi la lampe de poche et tous les grands chevaux.
8. Montre-moi le ballon et le plus petit groupe de grands chevaux.
9. Montre-moi le cadeau et l'image avec le plus de grands chevaux.
10. Montre-moi le tournevis et l'image avec le plus de petits chevaux.

Nom + {quantité + taille + nom}

Pages d'exercices Niveau 02

Consignes : lisez à voix haute les propositions ci-dessous et demandez à l'enfant de suivre les consignes avec précision. Commencez par lire lentement et en marquant des pauses.

1. Montre-moi la pomme verte et l'image avec le plus de pommes rouges.
2. Montre-moi la pomme rouge et le plus petit groupe de pommes jaunes.
3. Montre-moi la pomme jaune et toutes les pommes vertes.
4. Montre-moi la pomme verte et le plus petit groupe de pommes rouges.
5. Montre-moi la pomme jaune et l'image avec le plus de pommes vertes.
6. Montre-moi la pomme rouge et toutes les pommes jaunes.
7. Montre-moi la pomme verte et l'image avec le plus de pommes jaunes.
8. Montre-moi la pomme rouge et le plus petit groupe de pommes vertes.
9. Montre-moi la pomme jaune et toutes les pommes rouges.
10. Montre-moi la pomme verte et le plus petit groupe de pommes jaunes.

{Nom + couleur} + {quantité + nom + couleur}

94

Pages d'exercices
Niveau 02

Consignes : lisez à voix haute les propositions ci-dessous et demandez à l'enfant de suivre les consignes avec précision. Commencez par lire lentement et en marquant des pauses.

1. Montre-moi seulement les grands ballons rouges.
2. Montre-moi seulement les petits ballons verts.
3. Montre-moi le ballon rouge et tous les petits ballons rouges.
4. Montre-moi le ballon vert et le plus petit groupe de petits ballons rouges.
5. Montre-moi le ballon rouge et l'image avec le plus de grands ballons verts.
6. Montre-moi seulement les petits ballons rouges.
7. Montre-moi le ballon vert et l'image avec le plus de grands ballons rouges.
8. Montre-moi le ballon rouge et le plus petit groupe de grands ballons verts.
9. Montre-moi le ballon vert et l'image avec le plus de petits ballons rouges.
10. Montre-moi le ballon rouge et le plus petit groupe de petits ballons verts.
11. Montre-moi le ballon vert et le plus petit groupe de grands ballons rouges.
12. Montre-moi le ballon rouge et l'image avec le plus de petits ballons verts.

{Nom + couleur} + {quantité + taille + nom + couleur}

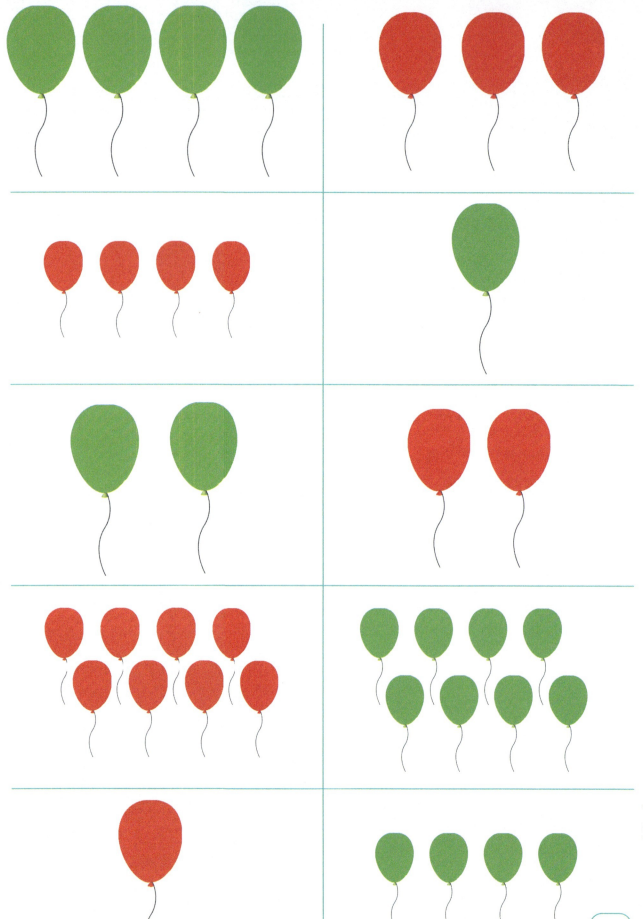

Pages d'exercices — Niveau 02

Consignes : lisez à voix haute les propositions ci-dessous et demandez à l'enfant de suivre les consignes avec précision. Commencez par lire lentement et en marquant des pauses.

1. Montre-moi l'image avec le moins de grandes chaussures jaunes et l'image avec le plus de petites chaussures rouges.
2. Montre-moi seulement la petite chaussure jaune.
3. Montre-moi l'image avec le plus de grandes chaussures rouges et toutes les petites chaussures jaunes.
4. Montre-moi l'image avec le plus de petites chaussures jaunes et l'image avec le moins de grandes chaussures rouges.
5. Montre-moi l'image avec le plus de chaussures jaunes et toutes les chaussures rouges.
6. Montre-moi l'image avec le moins de petites chaussures rouges et l'image avec le plus de grandes chaussures jaunes.
7. Montre-moi la petite chaussure jaune seule et le plus petit groupe de petites chaussures jaunes.
8. Montre-moi les grandes chaussures jaunes et l'image avec le moins de petites chaussures rouges.
9. Montre-moi toutes les petites chaussures jaunes et toutes les petites chaussures rouges.
10. Montre-moi la petite chaussure jaune seule et l'image avec le plus de grandes chaussures rouges.
11. Montre-moi l'image avec le moins de grandes chaussures rouges et l'image avec le plus de petites chaussures jaunes.
12. Montre-moi l'image avec le moins de grandes chaussures jaunes et toutes les petites chaussures rouges.

{Quantité + taille + nom + couleur}
+
{quantité + taille + nom + couleur}

Pages d'exercices — Niveau 03

Consignes : lisez à voix haute les propositions ci-dessous et demandez à l'enfant de suivre les consignes avec précision. Commencez par lire lentement et en marquant des pauses.

1. Montre-moi la boîte sur laquelle il y a le plus de petits chats.
2. Montre-moi toutes les boîtes dans lesquelles il y a de grands chats.
3. Montre-moi la boîte sous laquelle il y a le moins de petits chats.
4. Montre-moi toutes les boîtes sur lesquelles il y a de petits chats.
5. Montre-moi toutes les boîtes sous lesquelles il y a seulement de grands chats.
6. Montre-moi la boîte dans laquelle il y a le moins de grands chats.
7. Montre-moi la boîte sous laquelle il y a le plus de petits chats.
8. Montre-moi toutes les boîtes sur lesquelles il y a de grands chats.
9. Montre-moi la boîte dans laquelle il y a le moins de petits chats.
10. Montre-moi toutes les boîtes sous lesquelles il y a de grands chats.
11. Montre-moi toutes les boîtes dans lesquelles il y a seulement de petits chats.

{Quantité + nom}
+
{préposition + pronom + {quantité + taille + nom}}

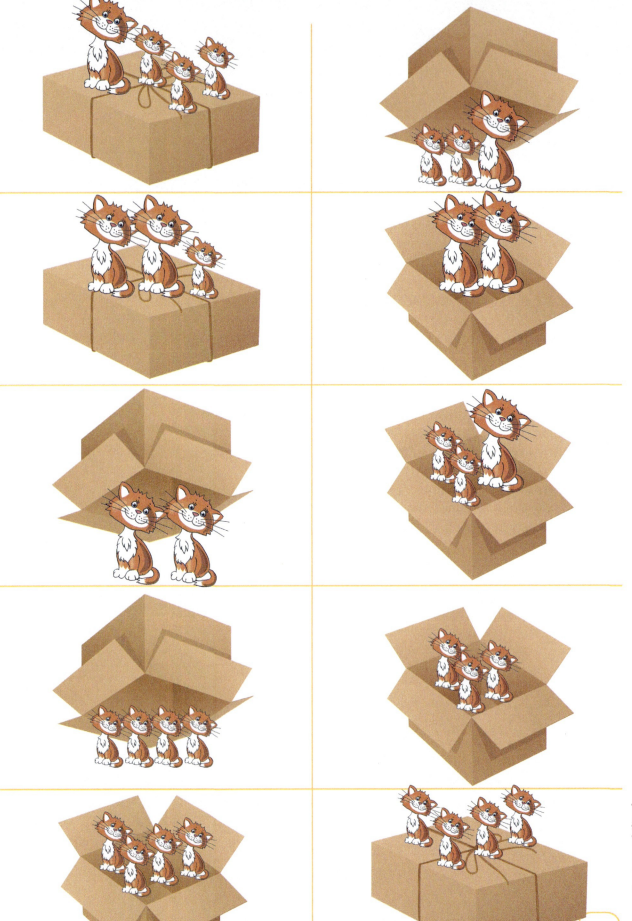

Pages d'exercices
Niveau 03

Consignes : lisez à voix haute les propositions ci-dessous et demandez à l'enfant de suivre les consignes avec précision. Commencez par lire lentement et en marquant des pauses.

1. Montre-moi la boîte dans laquelle il y a le moins de petites pommes vertes.
2. Montre-moi toutes les boîtes sur lesquelles il y a de petites pommes rouges.
3. Montre-moi la boîte dans laquelle il y a le plus de grandes pommes rouges.
4. Montre-moi toutes les boîtes sous lesquelles il y a de grandes pommes vertes.
5. Montre-moi toutes les boîtes dans lesquelles il y a seulement de grandes pommes rouges.
6. Montre-moi la boîte sous laquelle il y a le moins de grandes pommes vertes.
7. Montre-moi la boîte sur laquelle il y a le plus de grandes pommes vertes.
8. Montre-moi toutes les boîtes sous lesquelles il y a de petites pommes rouges.
9. Montre-moi toutes les boîtes sur lesquelles il y a de grandes pommes rouges.
10. Montre-moi la boîte dans laquelle il y a le plus de petites pommes vertes.
11. Montre-moi toutes les boîtes sous lesquelles il y a de grandes pommes vertes.

{Quantité + nom}
+
{préposition + pronom + {quantité + taille + nom + couleur}}

Pages d'exercices
Niveau 03

Consignes : lisez à voix haute les propositions ci-dessous et demandez à l'enfant de suivre les consignes avec précision. Commencez par lire lentement et en marquant des pauses.

1. Montre-moi le petit rond.
2. Montre-moi le grand carré.
3. Montre-moi le grand rectangle.
4. Montre-moi le petit triangle.
5. Montre-moi le grand losange.
6. Montre-moi le grand triangle.
7. Montre-moi le grand rond.
8. Montre-moi le petit losange.
9. Montre-moi le petit rectangle.
10. Montre-moi le petit carré.

Taille + Nom

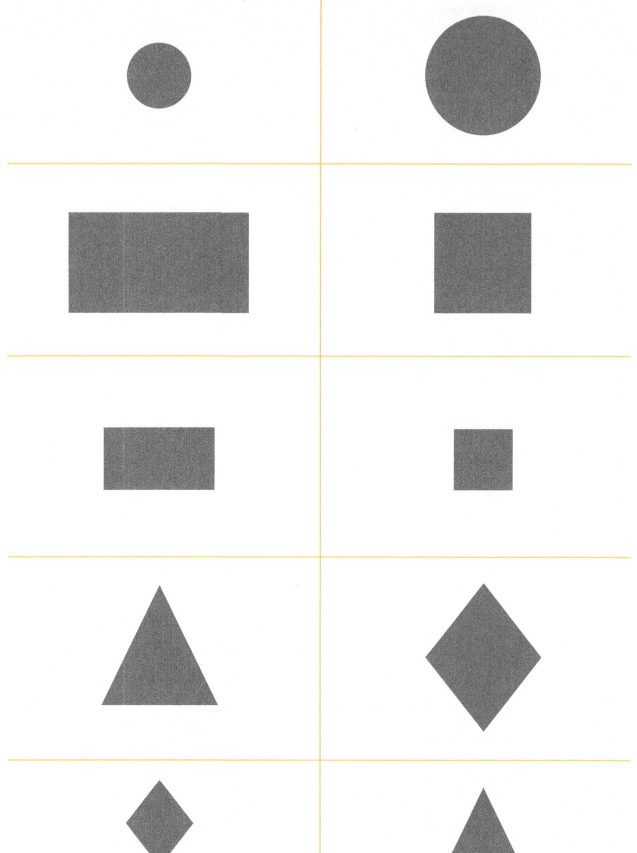

Pages d'exercices
Niveau 03

Consignes : lisez à voix haute les propositions ci-dessous et demandez à l'enfant de suivre les consignes avec précision. Commencez par lire lentement et en marquant des pauses.

1. Montre-moi le triangle rouge.
2. Montre-moi l'hexagone jaune.
3. Montre-moi le carré vert.
4. Montre-moi le rond bleu.
5. Montre-moi le triangle jaune.
6. Montre-moi le carré bleu.
7. Montre-moi le losange vert.
8. Montre-moi le rond vert.
9. Montre-moi l'hexagone rouge.
10. Montre-moi le losange jaune.

Nom + couleur

Pages d'exercices
Niveau 03

Consignes : lisez à voix haute les propositions ci-dessous et demandez à l'enfant de suivre les consignes avec précision. Commencez par lire lentement et en marquant des pauses.

1. Montre-moi le petit triangle rouge.
2. Montre-moi le petit rond jaune.
3. Montre-moi le grand triangle vert.
4. Montre-moi le grand rond bleu.
5. Montre-moi le petit triangle jaune.
6. Montre-moi le grand rond rouge.
7. Montre-moi le grand rond vert.
8. Montre-moi le grand triangle rouge.
9. Montre-moi le petit rond rouge.
10. Montre-moi le grand triangle jaune.

Taille + nom + couleur

Pages d'exercices — Niveau 03

Consignes : lisez à voix haute les propositions ci-dessous et demandez à l'enfant de suivre les consignes avec précision. Commencez par lire lentement et en marquant des pauses.

1. Montre-moi le petit triangle jaune.
2. Montre-moi le petit losange bleu.
3. Montre-moi le petit carré jaune.
4. Montre-moi le grand rectangle vert.
5. Montre-moi le grand losange jaune.
6. Montre-moi le grand carré jaune.
7. Montre-moi le petit rectangle jaune.
8. Montre-moi le grand triangle rouge.
9. Montre-moi le petit carré bleu.
10. Montre-moi le petit triangle rouge.
11. Montre-moi le grand carré vert.
12. Montre-moi le petit rectangle rouge.
13. Montre-moi le petit losange rouge.
14. Montre-moi le grand triangle vert.
15. Montre-moi le grand rectangle bleu.

Taille + nom + couleur

Pages d'exercices Niveau 03

Consignes : lisez à voix haute les propositions ci-dessous et demandez à l'enfant de suivre les consignes avec précision. Commencez par lire lentement et en marquant des pauses.

1. Montre-moi la longue ligne verticale rouge.
2. Montre-moi la courte ligne horizontale jaune.
3. Montre-moi le grand triangle vert.
4. Montre-moi le grand chiffre 2 jaune.
5. Montre-moi le grand rond rouge.
6. Montre-moi la longue ligne verticale verte.
7. Montre-moi le petit chiffre 5 bleu.
8. Montre-moi le petit rond vert.
9. Montre-moi le grand rectangle bleu.
10. Montre-moi le petit triangle jaune.

Taille + nom (+ direction/chiffre/lettre) + couleur

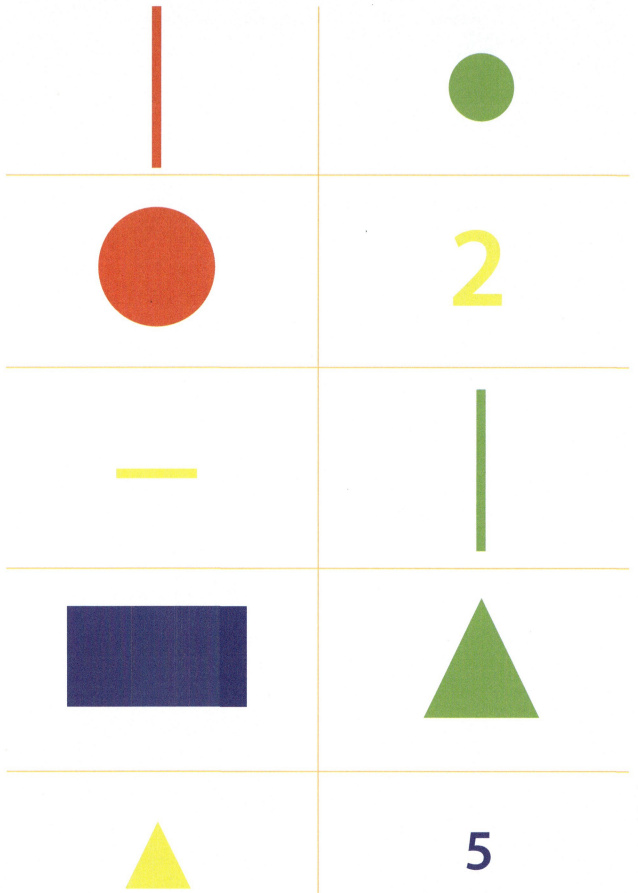

Pages d'exercices — Niveau 03

Consignes : lisez à voix haute les propositions ci-dessous et demandez à l'enfant de suivre les consignes avec précision. Commencez par lire lentement et en marquant des pauses.

1. Montre-moi la petite lettre b verte.
2. Montre-moi la courte ligne verticale jaune.
3. Montre-moi le petit chiffre 3 vert.
4. Montre-moi le grand losange rouge.
5. Montre-moi le petit hexagone vert.
6. Montre-moi la longue ligne verticale orange.
7. Montre-moi le petit losange orange.
8. Montre-moi le grand chiffre 7 rouge.
9. Montre-moi la courte ligne horizontale verte.
10. Montre-moi le grand hexagone bleu.

Taille + nom (+ direction/chiffre/lettre) + couleur

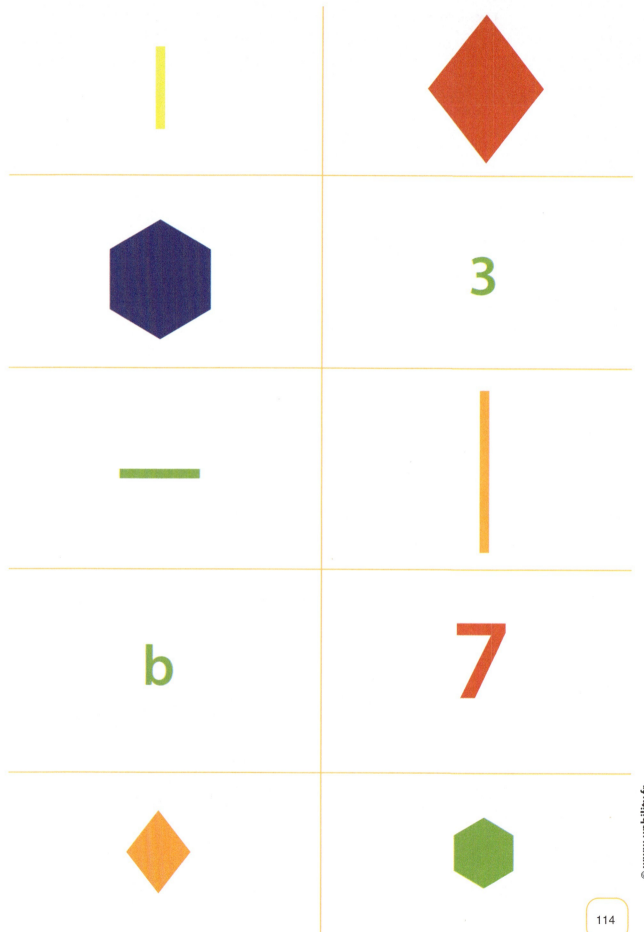

Pages d'exercices
Niveau 03

Consignes : lisez à voix haute les propositions ci-dessous et demandez à l'enfant de suivre les consignes avec précision. Commencez par lire lentement et en marquant des pauses.

1. Montre-moi le petit chiffre 8 vert.
2. Montre-moi l'épaisse ligne verticale orange.
3. Montre-moi le petit rectangle vert.
4. Montre-moi la grande lettre k rouge.
5. Montre-moi la fine ligne verticale rouge.
6. Montre-moi la petite lettre r jaune.
7. Montre-moi le grand carré jaune.
8. Montre-moi le grand chiffre 3 bleu.
9. Montre-moi le grand rectangle orange.
10. Montre-moi l'épaisse ligne horizontale verte.

Taille + nom (+ direction/chiffre/lettre) + couleur

Pages d'exercices
Niveau 03

Consignes : lisez à voix haute les propositions ci-dessous et demandez à l'enfant de suivre les consignes avec précision. Commencez par lire lentement et en marquant des pauses.

1. Montre-moi la grande lettre f rouge et le grand carré jaune.
2. Montre-moi la longue ligne oblique verte et le petit carré bleu.
3. Montre-moi la petite lettre b verte et le grand losange rouge.
4. Montre-moi la courte ligne horizontale jaune et le grand chiffre 7 rouge.
5. Montre-moi la petite lettre n bleue et la longue ligne horizontale violette.
6. Montre-moi le grand chiffre 7 rouge et la longue ligne verticale orange.
7. Montre-moi le petit carré orange et la courte ligne horizontale jaune.
8. Montre-moi le petit chiffre 9 vert et le grand carré violet.
9. Montre-moi le petit losange rouge et la petite lettre n bleue.
10. Montre-moi la longue ligne verticale orange et la grande lettre f rouge.

{Taille + nom (+ direction/chiffre/lettre) + couleur}
+
{taille + nom (+ direction/chiffre/lettre) + couleur}

Pages d'exercices
Niveau 03

Consignes : lisez à voix haute les propositions ci-dessous et demandez à l'enfant de suivre les consignes avec précision. Commencez par lire lentement et en marquant des pauses.

1. Montre-moi la petite lettre b bleue et le grand rectangle violet.
2. Montre-moi la longue ligne verticale orange et les longues lignes obliques vertes.
3. Montre-moi le grand carré jaune et les petits rectangles orange.
4. Montre-moi le grand chiffre 1 jaune et les courtes lignes horizontales bleues.
5. Montre-moi le petit chiffre 8 vert et la courte ligne horizontale bleue.
6. Montre-moi les petits carrés jaunes et la longue ligne horizontale rouge.
7. Montre-moi la grande lettre f verte et les longues lignes horizontales rouges.
8. Montre-moi le grand hexagone rouge et les longues lignes obliques vertes.
9. Montre-moi les petits rectangles orange et les longues lignes horizontales rouges.
10. Montre-moi les longues lignes obliques vertes et les petits carrés jaunes.

{Singulier/pluriel + taille + nom (+ direction/chiffre/lettre) + couleur} + {singulier/pluriel + taille + nom (+ direction/chiffre/lettre) + couleur}

Pages d'exercices — Niveau 03

Consignes : lisez à voix haute les propositions ci-dessous et demandez à l'enfant de suivre les consignes avec précision. Commencez par lire lentement et en marquant des pauses.

1. Montre-moi le cheval qui se trouve au-dessus du chat.
2. Montre-moi le ballon qui se trouve à côté de l'hippopotame.
3. Montre-moi l'hippopotame qui se trouve en dessous de l'oiseau.
4. Montre-moi le chat qui se trouve au-dessus de l'hippopotame.
5. Montre-moi l'oiseau qui se trouve entre le chat et l'hippopotame.
6. Montre-moi la vache qui se trouve en dessous de l'oiseau.
7. Montre-moi le ballon qui se trouve en dessous de l'hippopotame.
8. Montre-moi le cheval qui se trouve à côté du ballon.
9. Montre-moi l'hippopotame qui se trouve à côté de la vache.
10. Montre-moi l'hippopotame qui se trouve au-dessus du ballon.
11. Montre-moi la vache qui se trouve entre l'oiseau et le chat.
12. Montre-moi le chat qui se trouve au-dessus de la vache.
13. Montre-moi l'oiseau qui se trouve à côté de la vache.
14. Montre-moi le chat qui se trouve en dessous du cheval.
15. Montre-moi le ballon qui se trouve à côté du chat.

Nom + {Préposition + Nom}

Pages d'exercices
Niveau 03

Consignes : lisez à voix haute les propositions ci-dessous et demandez à l'enfant de suivre les consignes avec précision. Commencez par lire lentement et en marquant des pauses.

1. Montre-moi le grand chiffre 8 jaune qui se trouve en dessous du grand losange rouge.
2. Montre-moi le petit losange orange qui se trouve à côté du grand chiffre 8 vert.
3. Montre-moi la grande lettre m bleue qui se trouve en dessous du petit chiffre 8 jaune.
4. Montre-moi le petit chiffre 8 jaune qui se trouve à côté de la grande lettre m bleue.
5. Montre-moi le grand chiffre 8 jaune qui se trouve entre le grand losange rouge et le grand chiffre 8 vert.
6. Montre-moi la petite lettre m bleue qui se trouve en dessous du petit losange orange.
7. Montre-moi le grand chiffre 8 vert qui se trouve au-dessus de la grande lettre m rouge.
8. Montre-moi le petit chiffre 8 jaune qui se trouve entre le grand losange rouge et le petit losange orange.
9. Montre-moi la petite lettre m bleue qui se trouve en dessous du grand chiffre 8 jaune.
10. Montre-moi le grand losange rouge qui se trouve à côté du petit chiffre 8 jaune.
11. Montre-moi la grande lettre m bleue qui se trouve entre le petit chiffre 8 jaune et la grande lettre m rouge.
12. Montre-moi le petit losange orange qui se trouve au-dessus de la petite lettre m bleue.
13. Montre-moi le grand chiffre 8 vert qui se trouve en dessous de la grande lettre m rouge.
14. Montre-moi le grand losange rouge qui se trouve en dessous du petit chiffre 8 jaune.
15. Montre-moi la grande lettre m rouge qui se trouve à côté de la grande lettre m bleue.

{Taille + nom (+ chiffre/lettre) + couleur}
+
{préposition + {taille + nom (+ chiffre/lettre) + couleur}}

 8

8 m m

m  8

8 m m

 8 8

Pages d'exercices
Niveau 04

Consignes : lisez à voix haute les propositions ci-dessous et demandez à l'enfant de suivre les consignes avec précision. Commencez par lire lentement et en marquant des pauses.

1. Montre-moi en même temps le chapeau de la deuxième ligne et la vache de la cinquième ligne.
2. Montre-moi d'abord le lièvre de la deuxième ligne, puis la bicyclette de la quatrième ligne.
3. Montre-moi l'hippopotame de la première ligne, après m'avoir montré le lièvre de la troisième ligne.
4. Montre-moi en même temps le chat de la troisième ligne et l'hippopotame de la dernière ligne.
5. Montre-moi la bicyclette de la deuxième ligne ; ensuite, montre-moi le chapeau de la cinquième ligne.
6. Montre-moi le chat de la première ligne, après m'avoir montré la vache de la dernière ligne.
7. Montre-moi la vache de la première ligne, puis le chapeau de la troisième ligne.
8. Montre-moi en même temps le chat de la quatrième ligne et l'hippopotame de la cinquième ligne.
9. Montre-moi le chat de la première ligne, après m'avoir montré la bicyclette de la quatrième ligne.
10. Montre-moi d'abord le chapeau de la cinquième ligne ; ensuite, montre-moi la bicyclette de la deuxième ligne.
11. Montre-moi en même temps la vache de la cinquième ligne et le lièvre de la troisième ligne.
12. Montre-moi l'hippopotame de la première ligne, après m'avoir montré le chat de la troisième ligne.
13. Montre-moi en même temps le chapeau de la troisième ligne et la vache de la quatrième ligne.
14. Montre-moi le lièvre de la deuxième ligne, puis la bicyclette de la quatrième ligne.
15. Montre-moi le chapeau de la dernière ligne, après m'avoir montré la bicyclette de la quatrième ligne.

Nom + {Adjectif + Nom}
+
Marqueur De Temps + Nom + {Adjectif + Nom}

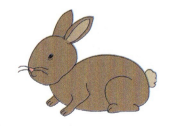  

Pages d'exercices — Niveau 04

Consignes : lisez à voix haute les propositions ci-dessous et demandez à l'enfant de suivre les consignes avec précision. Commencez par lire lentement et en marquant des pauses.

1. S'il y a un grand rectangle orange dans la deuxième colonne, montre-moi le carré vert.
2. Montre-moi les traits horizontaux jaunes, sauf s'il y a un carré rouge dans la troisième ligne.
3. Montre-moi la lettre t rouge, mais pas l'hexagone violet.
4. Montre-moi tous les traits sauf le trait oblique.
5. Montre-moi la lettre t jaune qui se trouve en dessous du trait horizontal violet, après m'avoir montré le premier chiffre de la quatrième ligne.
6. Montre-moi en même temps la forme du milieu de la dernière ligne et le chiffre 3 vert qui se trouve à côté du rectangle orange.
7. Montre-moi les traits horizontaux qui se trouvent dans la colonne du milieu, après m'avoir montré la lettre t rouge.
8. Montre-moi tous les chiffres, sauf celui qui se trouve en dessous du carré jaune.
9. Avant de me montrer le chiffre 3 vert qui se trouve dans la troisième colonne au-dessus de la lettre t rouge, montre-moi le trait oblique vert.
10. Montre-moi l'hexagone rouge, s'il y a un chiffre jaune dans la quatrième ligne.
11. Au lieu de me montrer l'hexagone au-dessus du carré vert, montre-moi le trait qui se trouve dans la première ligne.
12. Montre-moi tous les traits de la première colonne et le chiffre 3 vert de la quatrième ligne.
13. Montre-moi tous les chiffres en dessous du rectangle violet, après m'avoir montré la deuxième forme de la dernière ligne.
14. Montre-moi l'hexagone au milieu de la quatrième ligne et le carré à gauche des traits horizontaux rouges.
15. S'il y a un chiffre dans la troisième ligne, montre-moi toutes les lettres jaunes.

Compréhension d'énoncés complexes

Pages d'exercices — Niveau 04

Consignes : lisez à voix haute les propositions ci-dessous et demandez à l'enfant de suivre les consignes avec précision. Commencez par lire lentement et en marquant des pauses.

1. S'il y a un grand rectangle orange dans la deuxième colonne, montre-moi le grand rond rouge.
2. Montre-moi les longs traits horizontaux jaunes, sauf s'il y a un carré rouge dans la quatrième ligne.
3. Montre-moi le chiffre 6 vert, mais pas le rectangle bleu qui se trouve en dessous du rond rouge.
4. Montre-moi tous les ronds, sauf celui qui se trouve au milieu de la première ligne.
5. Montre-moi le rectangle bleu qui se trouve au-dessus du chiffre 6 vert, après m'avoir montré le premier chiffre de la deuxième ligne.
6. Montre-moi en même temps la forme qui se trouve au milieu de la deuxième colonne et le chiffre 6 violet qui se trouve au-dessus des traits horizontaux rouges.
7. Montre-moi les courts traits horizontaux qui se trouvent dans la troisième colonne, après m'avoir montré le rond rouge de la première ligne.
8. Montre-moi toutes les formes bleues, sauf celle qui se trouve au-dessus du chiffre 6 violet.
9. Avant de me montrer le rond jaune qui se trouve dans la deuxième colonne en dessous des traits horizontaux rouges, montre-moi le trait horizontal violet.
10. Montre-moi le rectangle vert, s'il y a un chiffre violet dans la quatrième ligne.
11. Au lieu de me montrer le rond rouge qui se trouve au-dessus du rectangle bleu, montre-moi le trait qui se trouve dans la première ligne.
12. Montre-moi tous les ronds de la deuxième colonne et le chiffre 6 violet de la deuxième ligne.
13. Montre-moi tous les chiffres à droite du rond rouge qui se trouve dans la deuxième ligne, après m'avoir montré la forme de la dernière ligne.
14. Montre-moi les traits horizontaux au milieu de la troisième ligne et le rectangle au-dessus du chiffre 6 vert.
15. S'il y a un chiffre dans la troisième colonne, montre-moi tous les ronds rouges.

Compréhension d'énoncés complexes

Pages d'exercices
Niveau 04

Consignes : lisez à voix haute les propositions ci-dessous et demandez à l'enfant de suivre les consignes avec précision. Commencez par lire lentement et en marquant des pauses.

1. S'il y a un chiffre 8 violet dans la colonne du milieu, montre-moi le rond rouge qui se trouve dans la troisième ligne.
2. Montre-moi les traits horizontaux jaunes, sauf s'il y a un rectangle rouge dans la quatrième ligne.
3. Montre-moi la lettre b verte, mais pas le rectangle bleu qui se trouve en dessous du chiffre 8 violet.
4. Montre-moi tous les chiffres, sauf celui qui se trouve en dessous du rectangle bleu.
5. Montre-moi la lettre b violette qui se trouve dans le coin en haut à droite, après m'avoir montré le premier chiffre de la quatrième ligne.
6. Montre-moi en même temps la forme qui se trouve au milieu de la quatrième ligne et la lettre qui se trouve au milieu de la dernière ligne.
7. Montre-moi les traits verticaux violets qui se trouvent dans la quatrième colonne, ainsi que le rond rouge de la troisième ligne.
8. Montre-moi toutes les formes rouges, sauf celle qui se trouve au-dessus des traits horizontaux jaunes.
9. Avant de me montrer le rond rouge qui se trouve dans la première colonne, montre-moi le trait vertical vert qui se trouve en dessous du rectangle bleu.
10. Montre-moi le trait horizontal violet, s'il y a un chiffre violet dans la quatrième ligne.
11. Au lieu de me montrer le rond rouge qui se trouve au-dessus du chiffre 8 violet, montre-moi le trait horizontal qui se trouve dans la première ligne.
12. Montre-moi tous les traits verticaux de la quatrième colonne, ou le chiffre 8 violet de la quatrième ligne.
13. Montre-moi toutes les lettres au-dessus du rond rouge qui se trouve dans la troisième ligne, après m'avoir montré le deuxième rectangle de la troisième ligne.
14. Montre-moi le trait horizontal qui se trouve en haut à gauche et le trait horizontal qui se trouve en bas à droite.
15. Montre-moi d'abord tous les rectangles rouges, puis les traits verticaux violets qui se trouvent à côté de la lettre b violette.
16. Montre-moi en même temps les traits verticaux violets les plus nombreux qui se trouvent dans la quatrième colonne et la première lettre qui se trouve dans la première ligne.
17. S'il y a un chiffre dans la quatrième colonne, montre-moi tous les rectangles rouges.

Compréhension d'énoncés complexes

Bravo, tu as réussi !

_____
(prénom)

a complété avec succès le livre

« Le traitement du langage – Améliorer la compréhension »

_____
(date)

_____
(signature des parents)

Les droits de propriété intellectuelle de ce livre appartiennent à son auteur et à son éditeur. Toute reproduction de son contenu sans autorisation écrite de ses propriétaires est interdite. Toute violation de ces droits constitue un délit.

SKU: FR-EB1015

Printed by Amazon Italia Logistica S.r.l.
Torrazza Piemonte (TO), Italy

52069614R00078